COSAS QUWHEN MIS ABUELAS ME ADVIRTIERON
QUE DEBÍA OCULTAR:
ANTOLOGÍA

HOLLiE McNISH

COSAS QUE MIS ABUELAS ME ADVIRTIERON QUE DEBíA OCULTAR

Traducido del inglés por
IRENE PÉREZ-FERNÁNDEZ

ARREBATO **l**IBROS
Malasaña ☼ 2024

1.ª edición, septiembre de 2024

ISBN: 978–84–19753–40–3
D. L.: M-21617-2024

℗ de la edición española, arrebato libros, 2024
c/ La Palma, 21. 28004, Madrid
www.arrebatolibros.com · arrebato@arrebatolibros.com

℗ de la traducción, Irene Pérez-Fernández

Diseño gráfico: Alonso & Moutas + La Luz Roja
Corrección: JA Fernández

Hecho en Malasaña - Madrid

AGRADECIMIENTO Y EXPLICACIÓN DE LA AUTORA   #010

Hola y muchas gracias por leer este libro. Me encanta escribir poemas y me hace muy feliz que quieras leerlos. Espero que te gusten. Si no es así, regálale el libro a un familiar que no te caiga bien.

Este libro es una selección de poemas de cinco de mis colecciones: *Cherry Pie*, *Plum*, *Nobody Told Me*, *Slug* y *Lobster*. He escogido los poemas que más me gusta leer en voz alta porque son poemas que hablan de los deseos, del cuerpo, de mis abuelas y abuelos, de la maternidad, de mis amigas y amigos, de las bolsitas de té, de las pajas... de amor.

Cuando leas estos poemas, te percatarás que en castellano no son exactamente iguales que en inglés. La traducción de la poesía es siempre complicada y en este caso he preferido cambiarlos un poco. Si lo que te gustan son las traducciones más convencionales, lo siento.

Por expresa voluntad mía, algunas traducciones de este libro no se corresponden literalmente con la versión inglesa. Esta voluntad se debe única y exclusivamente por razones de ritmo y musicalidad del poema.

Cuando edito un poema lo leo y releo en voz alta. Modifico las palabras para que el ritmo o los sonidos o los saltos de línea me encajen. A veces creo que mis poemas no funcionan sin una rima específica o una metáfora o imagen precisa. A veces no me importa si la traducción guarda el mismo ritmo o mantiene la rima. A veces para mí lo más importante es el modo en el que el poema se dibuja en la página. Como una pintura. Quizás, sea una mezcla de todas estas cosas. Depende del poema.

Muchas gracias a la traductora y al editor por darme permiso para jugar un poquito con los poemas en esta lengua tan bella. Sobre todo, gracias a Irene Pérez-Fernández, por su habilidad en la traducción, su generosidad y entusiasmo; y, por supuesto, a ti.

Dediqué tiempo a organizar estos poemas de la forma que considero más melódica, pero, por favor, siéntete totalmente libre para leerlos en el orden que quieras. Si prefieres empezar con las nutrias en lugar de mi abuela ¡perfecto! Si prefieres terminar con las pajas o las amistades, ¡adelante!

Espero que tengas un fantástico día y muchas gracias, de nuevo, por leer mis pensamientos, mis sueños, mis esperanzas.

Con cariño,
Hollie

x

COSAS QUE MIS ABUELAS
ME ADVIRTIERON
QUE DEBÍA OCULTAR

THINGS MY
GRANDMOTHERS
WARNED ME TO CONCEAL

pásate por casa

para las amigas con las que desearía seguir viviendo cerca

vivimos demasiado lejos, ahora
ya no te pasas, como antes, por mi casa,
ni yo por la tuya; ahora,
te preocupa que las visitas inesperadas
puedan *interrumpir mi día*

ya no me despiertas los domingos
gritando en la ventana de mi habitación
ya no llamas al timbre de mi puerta
más de una vez; ahora más adulta;
esperas al otro lado del felpudo

ahora tenemos que fijar nuestras quedadas
en la agenda; ya no bailamos en pijama
ya no compartimos la cama
ya no me cepillas el pelo durante horas
no practicas haciéndome trenzas;
ahora, tomamos un té

queridas amigas mías, os quiero igual;
cuento los días que faltan para vernos
como si fuesen vacaciones; y cada vez
que suena el timbre de la puerta,
sigo soñando que eres tú, *vengo a jugar*

call on me

for friends i wish i still lived close to

we don't call on each other anymore
we all live too far away
and now impromptu visits worry you
might *interrupt my day*

you do not wake me up on weekends
with screams pitched to my bedroom glass
do not ring my doorbell more than once
politer now; step off the mat

now we must plan to meet in diaries
don't dance in pjs / share the bed
you do not comb my hair for hours
to practise plaits; drink tea instead

i love you still, my friends
i count our meetings down like holidays
but dream each time the doorbell rings
it's you, *just called to play*

i madre me ha pedido que diga que este poema trata de una experiencia que ocurrió cuando tenía dieciséis años, pero no es el caso. Tenía catorce. Una de mis amigas del insti quería tocarle el pene a su novio y no sabía cómo, así que preguntó a sus amistades. Por desgracia solo se le ocurrió preguntar a las que no teníamos pene y tampoco nunca habíamos tocado uno. A ninguna se nos pasó por la cabeza preguntarle a alguno de nuestros amigos íntimos, además, dado que la educación sexual que recibíamos era tan pésima y lo único que cubría era cómo poner un condón en un pene, ni siquiera estábamos seguras de que la forma en la que los chicos se masturbaban era la misma en la que se hacía una paja. Tampoco se nos pasó por la cabeza que la mejor persona con quien hablar estas cosas sería la persona a la que querías tocarle el pene. No se nos ocurrió preguntarles a nuestras parejas sobre sus cuerpos.

Así que compramos un montón de revistas para adolescentes, revistas que se centraban principalmente en enseñar a las chicas a satisfacer a los chicos —en lugar de a sí mismas—. Después de hacer una investigación exhaustiva, aprendimos que teníamos que dar tirones con nuestra mano "arriba-abajo" en el pene. A los catorce años, pusimos en común todo nuestro conocimiento sobre penes y le dijimos a nuestra amiga lo que tenía que hacer. Lo hizo. No salió nada bien. El chico acabó en el hospital.

AMIGAS Y PAJAS

¡puñeta!

aparentemente,
'arriba y abajo'
no significaba
como una manilla
de una puerta
como una palanca
de cambios, como
un *joystick*, como
una tragaperras de casino

significaba
arriba y abajo
los dedos curvados
las caricias suaves
del capullo al cuerpo

esto solo lo aprendimos
cuando ella
intentó el estilo
alternativo de tirar,
y casi parte su polla

nos reunimos; la escuchamos;
le acariciamos la espalda;
nuestras camisas perfumadas
con aroma barato a vainilla

le acariciamos la espalda
rezando en secreto;
joder, menos mal que ella fue
la que lo probó primero

yanking

apparently,
'up and down'
did not mean
like a lever
like a door handle
like a joystick
like a casino slot machine

it meant
up and down
fingers curved around
gentle strokes
from shaft to tip

we only learnt this
after she had tried
the alternative
yanking motion
and almost snapped his dick

we gathered; listened;
stroked her back -
our vanilla-impulse
perfumed shirts

we stroked her back
in hidden prayer:
thank fuck
she tried it first

y

para las amistades a las que he tenido que perdonar muchas veces
y para las que han tenido que perdonarme muchas veces, también

te comiste un trozo de mi tarta de cumpleaños
antes de que soplara las velas
y te perdono, amiga mía
porque te quiero

me devolviste mi cómic favorito
quince años después de que te lo prestara
y te perdono, amiga mía
porque te quiero

te crecieron las tetas antes que a mí
lo que consideré bastante irrespetuoso
pero te perdono, amiga mía
espero que tú me perdones también

y lo siento porque nunca
me planteé lo duro
que tuvo que haber sido
eso para ti, y lo siento
porque dejé que te cayera
la bronca por el whisky
y lo siento porque nunca
te devolví la chaqueta bicolor
o mi muñeca *troll* con pelo rosa
o tus libros de *point horror*
y te perdono por la cara
que pusiste cuando te dije
que estaba embarazada
y te pido perdón porque
no pude ir a tu boda
y te perdono por ser incapaz
de recordar su cumpleaños

and

for friends i have had to forgive many times,
and who've had to forgive me many times too

you took a bite out of my birthday cake
before the candles sang
and i forgive you, my friend
because i love you

you gave my favourite comic back
fifteen years after i lent you it
and i forgive you, my friend
because i love you

you got boobs before i did
which i assumed you'd done on purpose;
but i forgive you, my friend
i hope you forgive me too

and i'm sorry i never thought
how hard that was for you
and i'm sorry that i let you
take the blame for the malibu
and i'm sorry i never gave
your irridescent jacket back
or the troll with the pink hair
or your point horror book
and i forgive you for your face
when i told you i was pregnant
and i am sorry i did not
make it to your wedding
and i forgive you for never
remembering her birthday
and i'm so sorry i forgot
your third kid's name again

y te pido perdón porque
otra vez, se me olvidó
el nombre de tu tercer hijo

y te pido perdón
y te perdono
y te quiero y espero
que esto
no se acabe nunca

and i forgive you
and i'm sorry
and i'm sorry
and i forgive you
and i love you
and i hope this never ends

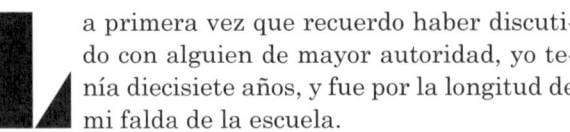

a primera vez que recuerdo haber discutido con alguien de mayor autoridad, yo tenía diecisiete años, y fue por la longitud de mi falda de la escuela.

Apenas me quejé, aunque tampoco pude callarme; me horrorizaba y molestaba tener que ir otra vez al despacho del director. Me fijé en cómo movía los labios mientras me hablaba del supuesto efecto que tenía la longitud de la falda en la capacidad de aprendizaje de los chicos. Yo miraba al suelo en silencio, pero pensaba *que le den por culo, señor.* Aunque no dije nada, ni parecido, mientras me regañaba por mi obscena falda escolar.

Al terminar, inspiré profundamente y me defendí con calma, mientras me sudaban las manos a mares. *Dudo, señor, que mi falda haya tenido efecto en la nota de los chicos. Sin embargo, la constante presión que hay sobre las chicas para que nos avergoncemos de nuestros cuerpos sí que ha afectado a nuestra atención. Las faldas por debajo de la rodilla son muy incómodas, señor. Por último, en cuanto a la distracción, es mutua: a mí me distrae mucho la ropa de los chicos, en especial el bulto de la entrepierna de sus pantalones ajustados.*

La reunión fue un fracaso.

En aquel momento de mi vida escolar, a las que teníamos vulva no se nos permitía llevar pantalones. Por esta razón, nuestra felicidad, al hacer el pino o dar volteretas laterales, se veía aplastada brutalmente en el primer año de secundaria, cuando surgía la "vergüenza" de enseñar las bragas por debajo de la falda.

Con mi falda ilegal, sintiéndome una fresca que llamaba la atención, empecé a cuestionarme las reprimendas, a dudar y a preguntarme por qué se demonizaba tanto algo como mis rodillas.

Sabía que me estaba volviendo sexualmente atractiva para la gente, aunque claro, no para todo el mundo. Lo que quiero decir es que es un progreso natural cuando creces: el lento darse cuenta de estos sentimientos en ti y en los demás.

Creo que podría haberlo asumido, haber crecido en ese entorno con seguridad y confianza, teniendo en cuenta los cambios físicos que se producen en esa etapa de la vida. En su lugar, a mí y a todas las chicas que conocía nos regañaban constantemente por "enseñar la piel".

Ni una sola vez se les dio a los chicos una charla sobre cómo concentrarse cuando hay gente con muslos a los que tal vez te apetece mirar.

Ningún adulto nos dijo nunca algo como *para que lo sepáis, el problema no es, en absoluto, vuestros muslos, vuestro pecho u hombros, sino la gente que puede infravaloraros o, en el peor de los casos, atacaros por su incapacidad para entender que no sois, con o sin ropa, algo a lo que tengan derecho.*

discusión en el despacho del director

me dijo
que mi falda
distraía
a los chicos.

bájatela por debajo
de las rodillas
como las monjas.
la longitud legal.

le respondí:
algunos chicos
llevan
los pantalones
tan apretados
que se les ve
la forma
de la polla,
profesor.

y aún así me las apaño para estudiar.

arguing in the headmaster's office

he said
my skirt
was distracting
the lads.

roll it down.
legal length.
below knees.
like a nun.

i said:
some of
the boys
have their
trousers
so tight
i can see
the outline
of their
dicks,
sir.

i still manage to get on with my work.

¿te callarás de una puta vez cuando me muera?

cuando era adolescente
los periódicos publicaban
historias sobre monstruos
que llamaban pedófilos

cuando era adolescente
se convocó una asamblea especial
para decirnos que tuviéramos cuidado
con un hombre que enseñaba el pene
en el parque cerca del colegio

todos pensamos que era genial
fuimos allí con nuestros amigos
buscando específicamente
el abrigo largo; puntiagudo

cuando era adolescente
un periódico sacó una lista
de domicilios de personas
a las que llamaban "pedófilos",
la justicia en las manos del público
y un recuento de la ignorancia lingüística
que cubría de grafitis la pared
de la casa de un pediatra

cuando era adolescente
me compré un disco de éxitos
de otra adolescente
que bailaba con un uniforme escolar
como el mío

y cantaba *hit me baby*
one more time yo cantaba
hit me baby one more time
sin cuestionar si las ingeniosas

when i am dead, will you finally shut the fuck up?

when i was a teenage girl
the newspapers printed
stories about monsters
they called paedophiles

when i was a teenage girl
a special assembly was called
which told us all to watch out
for a man flashing his penis
in the park near the school

we all thought it was funny
walked there especially
looked out for the long coat
pointed with our friends

when i was a teenage girl
one newspaper printed
a list of home addresses
of people they called
'paedophiles', vigilante
justice and one count
of linguistic ignorance
graffiti-ing the walls of
a paediatrician's home

when i was a teenage girl
i bought a top ten record
by another teenage girl
dancing in school uniform
like mine,

she sang *hit me baby*
one more time i sang
hit me baby one more time

letras del estribillo se referían
a darse de puñetazos a que te follaran duro
o a poner otra vez un disco

cuando era adolescente
a mi amiga la llamaban furcia
por tener un vibrador

cuando era adolescente
a mi amiga la llamaban mojigata
por no dejar que la metieran el dedo

cuando era adolescente
en la portada de este álbum
aparecía britney spears con dos coletas
mirando a la cámara
virgen e inocente
no me pregunté quién lo quiso así

cuando era adolescente
mi amigo le dijo a todas nuestras amistades
que me había metido los dedos
en el jardín durante una fiesta
cuando en realidad llevaba horas
llorando por un problema familiar,
se disculpó en la escuela
yo dije que no diría la verdad
seguimos siendo buenos amigos

cuando era adolescente
abrí el disco en mi habitación
tenía un póster doblado dentro
para ponerlo en la pared
tenía a britney vestida
con un top blanco virgen
dientes blanco virgen
a horcajadas en una silla
las piernas abiertas para la cámara

not wondering whether the
clever chorus line referred to
punching or being fucked hard
or replaying a record

when I was a teenage girl
my friend was called a slag
for owning a vibrator

when i was a teenage girl
my friend was called a prude
for not getting fingered

when i was a teenage girl
the front cover of this album
had britney spears in pigtails
looking up at a camera
'as virgin as could be'
i did not wonder who directed it

when i was a teenage girl
my friend told everyone
he had finger-banged me in the garden
at a house party that weekend
when really he was crying
about a problem in his family
he apologised at school
i agreed not to tell the truth
we stayed close friends

when i was a teenage girl
i opened the cd in my bedroom
a poster folded up inside
to put up on my wall
it had britney dressed in
a virgin white vest top
with virgin white teeth
sat astride a chair

que enfocaba su entrepierna
de colegiala

cuando era adolescente
me dijeron que cuando sangrara
no usara tampón haciendo deporte
porque eso sería como
perder 'la virginidad' con un tampón
antes de tener una polla dentro

me dijeron que no tuviera una polla dentro

me dijeron que el único sexo que importaba
era el sexo con una polla dentro

cuando era adolescente
les dijeron a dos chicas adolescentes
en un vídeo pop ruso
que se besuquearan
con un uniforme escolar como el mío
con erotismo frente a la cámara
cantaban *all the things she said*
all the things she said

running through my head
running through my head

cuando era adolescente
me regañaron por llevar
una falda demasiado corta en la escuela
me la bajaba en cada clase
me la subía en cada descanso

cuando era adolescente
me dijeron que no podía jugar
en el equipo de tenis
a menos que llevara la equipación
la equipación era una faldita blanca

legs parted for the camera
camera zoomed onto her
schoolgirl crotch

when i was a teenage girl
i was told not to use a tampon
when i was bleeding playing sport
because that would be like
losing my virginity to a tampon
before i'd had a dick in me

i was told not to put a dick in me

i was told the only sex that counted
was sex with a dick in me

when I was a teenage girl
two teenage girls in a
Russian pop video were
directed to snog each other
in school uniform like mine
looking sexy at the camera
singing *all the things she said*
all the things she said
running through my head
running through my head

when i was a teenage girl
i was told off for wearing
a skirt too short for school
i rolled it down each lesson
and rolled it up each break

when i was a teenage girl
i was told i could not play
in the tennis team
unless i wore the match kit
match kit was a short white skirt

tenía la regla,
no usaba todavía tampones
porque eso sería como 'arruinarme'
antes de tener una polla dentro;
las compresas goteaban mucho;
aprendí a comprobar si había
manchas de sangre
entre globos de revés

cuando era adolescente
me dijeron que no me arriesgara
a tomar atajos; que no fuera sola
que no saliera hasta tarde
que no me masturbara
que no me tocara; que no me
quedara embarazada; me dijeron
que no fuera demasiado *sexy*
que no *no* fuera *sexy*
me dijeron que cantara *hit me baby*
hit me baby hit me baby
one more time en un uniforme escolar
como el suyo, me dijeron
all the things she said
all the things she said
running through my head

cuando tenía veinte años
le daba el pecho a mi bebé
en los baños públicos
por miedo a parecer que intentaba
parecer *sexy*, sigo sin saber muy bien
por qué me avergonzaba
alimentar a mi bebé con mi cuerpo
pero me pasaba

a los treinta, mi amiga
organizó una jodida 'fiesta de bótox'
antes de irnos de vacaciones,

i was on my period
i did not use a tampon yet
'cos that would be like
'ruining myself'
before i'd had a dick in me
sanitary towels leaked a lot
i learned how to check for bloodstains
between backhand lobs

when i was a teenage girl
i was told not to risk the short cut
i was told not to walk alone
i was told not to stay out late
i was told not to masturbate
i was told not to get pregnant
i was told not to get fingered
i was told not to be too sexy
i was told not to *not* be sexy
i was told to sing *hit me baby*
hit me baby hit me baby
one more time in school uniform
like hers, i was told
all the things she said
all the things she said
running through my head

when i was in my twenties
i fed my baby in the toilet
for fear of looking like
i was sort of trying to look sexy
i'm still not sure exactly
why i was embarrassed
to feed a baby with my breasts
but i was

when i was thirty
my friend organised a 'botox party'
before we went on holiday

porque al parecer cuando tienes treinta años
la risa ya no es atractiva

a los treinta y cinco, me dijeron
que no llevara una camiseta sin mangas
porque las mujeres de mi edad
ya no enseñamos los brazos
por miedo a que los murciélagos
se posaran en la piel

a los cuarenta me dijeron
que mi deseo sexual
se iría con la sangre pero nadie
habla nunca de la menopausia

a los cincuenta me dijeron
a los sesenta me dijeron
a los setenta, a los ochenta,
espero que pare alguna vez

pero mi abuela tiene noventa y dos
y está a dieta, porque en nuestra familia,
como me han dicho toda la vida,
las mujeres en nuestra familia
tienen una panza horrible

(métela, hollie
métela, hollie,
métela, hollie)

cuando me muera
espero poder estirarme
en el ataúd,
silencio en los huesos

because apparently
when you are thirty
laughter is no longer attractive

when i was thirty-five
i was told not to wear a vest top
because women my age
do not show our arms now
for fear of bats apparently
landing on the skin below

when I was forty
i was told my sex drive
would dry up with my bleeding
but no one talks about the menopause

when i was fifty, i was told
when i was sixty, when i was seventy
when i was eighty, i was told
i am hoping this will stop

but my grandma is ninety-two
and she is on a diet, because
in our family, as i've been told
my entire life long, the women
in our family have 'bad' stomachs

(hold it in, hollie
hold it in, hollie
hold it in, hollie)

when i am dead
i am hoping i can stretch out
in my coffin -
silence in my bones

scribo muchos poemas sobre maternidad, porque el embarazo, el parto, la lactancia materna y la crianza han sido las experiencias más fantásticas, aterradoras, increíbles, soporíferas, espantosas, maravillosas y aburridas de mi vida. No creo que ser madre sea algo «que afecte a la creatividad» como dicen algunas personas. Al contrario, inspira muchas preguntas y aporta muchas respuestas.

Cuando mi hija era muy pequeña apenas dormía. Fue jodidamente espantoso y agotador, me pasé muchas horas despierta, escribiendo poemas mientras el resto del planeta parecía dormir a pierna suelta. Muchos de esos poemas surgieron al amanecer mientras contemplaba la cara de mi hija plácidamente dormida después de su atracón de leche, o con el corazón rebosante de amor, o con el cuerpo aún dolorido o sollozando mientras contemplaba la pared; o mientras —simplemente— escribía.

Este siguiente poema lo escribí en mitad de la noche al día siguiente del nacimiento de mi hija. Estaba amamantando. Me habían dado el alta hospitalaria unas horas después de dar a luz y estaba aterrorizada. Tenía veintisiete años.

Nadie había usado mi cuerpo de aquella manera antes; para todo; para comer; para beber; para sentirse cómoda o segura. Recuerdo que miraba a esa pequeña criatura que ni tan siquiera me conocía, pero que se había despertado aterrada y me buscaba, aferrándose desesperadamente a mí y trepando por mi piel hasta encontrar el pezón y succionar la leche que mi cuerpo, por arte de magia, había empezado a producir.

Las primeras veces que amamanté tuve sensaciones muy extrañas. A veces me sentí avergonzada. Otras veces la gente me reprochaba que amamantase en público. Ahora entiendo que era algo absurdo. En ocasiones me sentía como un grifo que gotea continuamente, otras veces como una vaca. Pero cuando escribí este poema me sentí bien mientras amamantaba, fascinada pensé que mi hija era una escaladora, trepando por el acantilado de mi cuerpo en busca de comida. Mi cuerpo era una fuente de vida para ella, aunque ni tan siquiera sabía mi nombre.

Ahora, mi hija ya es adolescente. Ella ya no me necesita con tanta intensidad. Algunas veces siento una gran libertad. Otras es devastador.

descenso

*escrito a las tres de la mañana el día siguiente al parto de mi hija,
viéndola explorar mi pecho para leche*

desciendes
por mi pecho
como una escaladora
en miniatura; tus manos
agarran fuerte, abandonas
los acantilados blandos de mis
hombros; te balanceas de izquierda
a derecha, la mente concentrada, los
ojos abiertos; sin impermeable ni arnés,
solo un pijama amarillo; paras, y gruñes
veo un aplastante pánico apoderándose de ti
hasta que los dedos rápidos toquetean el blanco
y dejas caer tu cabeza a través del gran cielo
hacia el lado que eliges, aterrizas y bebes,
tus labios, como una pinza rosa salvaje,
luego te rindes dormida por el esfuerzo;
mi bebé hambrienta, deportista de
riesgo, en cualquier momento,
desciende sobre mí

abseil

written at 3am the day after my baby was born
watching her scour my breasts for milk

you
abseil down
my chest like a
miniature rock climber;
hands grip tightly, push off
from my shoulder-blade cliffs,
you career from left to right, mind
focused, eyes open; no waterproofs
or harness, just a yellow babygro - you
stop, grunting for assistance, i see panic
setting in, until quick fingers grope the spot
and you fling your head across the sky
to your chosen side, and land, lips
clamped and drink; then you fall
asleep from the exertion; my
hungry extreme-sports
baby, abseil down
me, anytime

leyéndote

he tenido algunas noches preciosas en mi vida;
fiestas de pijama escabulléndonos a la nevera
de puntillas entre risas con amigas hermosas;
algunas noches preciosas en mi vida

en acantilados, en dunas de arena, en playas
raves bajo luna llena y nuevas amistades;
he tenido algunas noches preciosas en mi vida

en sofás y en camas, en domingos descansando
con placer y calma y unos brazos y abrazos, el sonido glorioso
de las palomitas devoradas durante las películas
que me evocan ideas hasta que mi cerebro estalla en estrellas;
he tenido algunas noches preciosas en mi vida,

pero sentarme aquí, al anochecer, leyéndote, mientras
tú señalas la vaca y lo hago otra vez un intento de mugido
solo para escuchar de nuevo tu risa

y está diluviando y esta canción te calma
y tus párpados comienzan a caer y tú te resistes
la cama de mis brazos; un molde, una manta
y tu piel caliente contra mi pecho cansada

y te leo suavemente mientras el día te deja
y veo cómo atraviesas esa puerta mágica
de sol a sueño

de todas las noches estrelladas que he pasado
de todas las fiestas a las que he ido
no he tenido mejores noches que aquellas
en las que te he leído

hasta que te duermes, corazón con corazón,
la boca abierta con una risita soñolienta

reading to you

i've had some beautiful nights in my life;
sleepovers sneaking downstairs to the fridge
tiptoes with stomachs in bubbling giggles -
some beautiful nights in my life

on clifftops, in sand dunes, on beaches
with rave tunes and full moons and new friends -
i've had some beautiful nights in my life

in beds and on couches, on sundays just lounging
with comfort and calmness and arms wrapped around me
popcorn sounds drowning out crunching through films
that flash me ideas till my brain turns starlight;
some beautiful nights in my life,

but sitting here as the night falls, reading to you
as you point to the cow and i attempt at a moo
and you laugh and i do it again just for you

and the rain's pouring down and the sound makes you calm
and your eyelids start sinking and you battle them not to –
moulded into my arms and that warm patch of skin
that spreads from your cheek through your baby-wise grin

and i read to you softly as your adrenalin gives
and i watch as you sink past that magical gate
turn-point between falling asleep from awake

of all my nights and the stars i've walked through
of all of the nights and the parties i've been to
i've had no greater night-times
than reading to you

till you sleep, open-mouthed, ear on my arm,
heart to my heart with a laugh

mientras el sueño llega y yo termino el cuento
aunque sé que ya estás durmiendo

miro tu cara, cariño
en este silencio amante

las mejores noches de mi vida
han sido leyéndote

as you drift into dreams and i finish the book
though i know you're already asleep

i stare at your face
in the still, silent room

the best nights of my life
have been reading to you

negociando con una niña de siete años

compartí mi cuerpo contigo
durante meses antes de que nacieras
lo mínimo que puedes hacer
es ofrecerme una de tus patatas fritas

bartering with a seven year old

i shared my body with you
for months before birth
the least you could do
is offer me one of your crisps

dulce separación

poema que escribí la primera vez que mi hija se fue al centro sin mí
¡y lo pasó genial con sus amigas, mientras que yo me quedé en casa
sollozando y escribiendo poemas como este!

primero, no necesitaste ya más de mi cuerpo
lápida de una estrella, emergiste enfurecida, ciega y gritando
después, ya no necesitaste mi latido; el cordón cortado y pinzado
hasta que el flujo cesa; hasta que la marea se reseca;
nuestro amargo vínculo carnal arrojado a la basura;
después, no me necesitaste; los pechos endurecidos, redundantes
hojas hermosuras de repollo para aliviar la hinchazón de la pérdida;
después no necesitaste que sujetara tu cabeza mientras te sentabas;
que te sujetara la cuchara al comer; que sujetara tu mano al caminar;
que trotara al lado de tu patinete; que corriera al lado de tu bicicleta;
que te cogiera cuando te caías patinando; que me sentara al lado
de tu cama a leerte un cuento hasta caer dormida; que repasara
cada letra con mi dedo, cada palabra que leías —qué extraña esta vida—;
envolverte de amor, para ayudarte a dejarme

sweet separation

written the first time my daughter went into town without me
and had a great time with her friends, whilst i sat at home
sobbing and writing poems like this one!

first, you did not need my body any more
tombstone of a star; stormed out blind and screaming
then, you did not need my heartbeat anymore;
cord cut and pegged till currents stopped; till tide dried up,
till shrivelled skin; our bitter carnal closeness dashed into a dustbin;
then, you did not need me; breasts hardening, redundant
cabbage leaf companions to ease the swell of loss;
then you did not need me to hold your head as you sat up;
to hold your hand as you walked; to hold the spoon as you ate;
to jog beside your bicycle; to catch a falling rollerskater;
to run beside your scooter; to sit beside your bed;
to read a story till you sleep; to run my finger under every letter;
to mouth each word you read - how strange it is this life;
swaddling you in love, just to help you leave

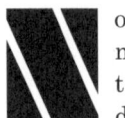o tengo el mismo color de piel que mi hija. A la gente aún le cuesta entenderlo. Que los ojos o pelo sean de diferente color o que las narices tengan formas distintas o que existan extremidades de diferente longitud o que haya personas con pecas y sin ellas no es algo que les cueste comprender; pero que haya distintas tonalidades de tez parece que sí. Es más, desde que mi hija nació hay personas desconocidas que se han creído con derecho a decirnos que no nos parecemos en nada. *¿En serio? ¿Eres su madre? ¡Pero si no te pareces a ella en nada!* Cosas de este estilo. Qué imbécil puede llegar a ser la gente.

Los siguientes dos poemas los escribí con diez años de diferencia porque aún sigo escuchando esta mierda. El primero lo escribí en Australia cuando más que nunca me preguntaron quién era la niña que iba conmigo. El segundo lo escribí diez años después posando para mi autorretrato y sorprendida al ver cómo escogían el color verde para pintar mi cara.

colores

a veces pienso que es como
si la gente no hubiera visto
jamás el color verde

como si no hubieran mezclado
en una paleta azul con amarillo
hubieran suspirado qué bonito es
que haya más de tres colores
en este mundo,

y no solo rojo, azul, amarillo

a veces pienso que la gente
no ha manchado nunca un pincel
que no se ha asombrado nunca
ante el índigo o un turquesa
ni conoce el naranja, el marrón, el morado
los rayos del arcoíris exiliados
en un mundo monótono y apagado

solo rojo, azul, amarillo

a menudo pienso en lo que alice walker dijo;
contemplad cómo aquí los jardines, las playas,
las vistas desde los acantilados, las algas
atrapadas entre tus dedos brillarían
si nunca hubiéramos pintado la vida
sumergido nuestros pies solo en agua fría

solo rojo, azul y amarillo

cuando alguien me pregunta
si la pequeña a mi lado
que me agarra de la mano
y me llama mamá

colours

sometimes i think people
must've never seen
the colour green

mixed blue
with yellow on a palette
sat back and sighed
at how beautiful it is
to have more than three colours
in this world,

not just yellow, blue and red

sometimes i think people
must've never curled
a paintbrush round a bend
seen indigo or turquoise blends
orange, brown or purple trends
rainbows split
into the most basic set of shades

just yellow, blue and red

i think a lot about what alice walker said;
contemplate how the gardens here,
the beaches, the clifftop views, the seaweed
caught between your toes would glow
if we never mixed things up a bit
dipped our feet coldly in

just yellow, blue and red

when people ask me
if the little girl with me
who holds my hand

y camina por la playa
conmigo, es *mía*

me pregunto si no han visto todavía
un rayo de sol asomando en la tormenta
o si se han parado a mirar cómo la pintura
cambia lenta en nuevos tonos
cada vez que el pincel
acaricia una página

and calls me mum
and walks along the beach
with me, is mine

i wonder if they've ever seen sunshine
split through raindrops or stopped
to watch how paint morphs
into new shades every time
you stroke the brush
across a page

matices

una vez, pintaron mi retrato
nunca antes me había percatado
de lo colorida que es mi cara

quizás la pintora estaba mirando
a otro sitio, pensé:
tres tonalidades de verde en su paleta

*

por la calle, nunca piensan
que mi hija y yo
seamos madre e hija

la gente pregunta quién somos,
como si fuésemos extrañas, siempre asumiendo
que sus amigas rubias son sangre de mi sangre

incapaces de percibir el óvalo redondeado
de nuestras caras, cómo compartimos
la forma de los pómulos; la manera de reírnos

cubriéndonos la boca con las manos,
como si la felicidad
nos avergonzara

*

píntanos a las dos sin color
y quizás veas el verde
que escondemos tras nuestras mejillas

shade

once, i had my portrait painted
never realised my face was so colourful before

perhaps the painter was looking elsewhere, i thought
– three shades of green on their palette

*

in the street, my daughter and me
are never mistaken for mother and daughter

people ask who we are, as if strangers,
forever assume her blonde friends are my blood

unable to see the roundness in both of our faces
the cheekbones we share; the way we both laugh

with our hands to our mouths,
as if embarrassed by happiness

*

paint us both colourless, and maybe you'll see
the green we both hide in our cheeks

n Reino Unido, cuando cumples cien años recibes una carta de la reina —ahora del rey—. Cuando mi abuela tenía más de noventa años y estaba en una residencia me dijo que estaba preparada para la muerte. Yo no podía entenderlo y no quería que ocurriera y desesperada intentaba motivarla hablándole de la carta que recibiría de la reina. «Que le den a la reina», me respondía.

Escribí el siguiente poema la semana en la que la reina del Reino Unido falleció, aunque tuve miedo de compartirlo. Obviamente nunca conocí a la reina personalmente, pero me sorprendió el duelo colectivo en el Reino Unido, particularmente en personas que incluso no están de acuerdo con la monarquía, los palacios, la desigualdad... Una de las cosas que más me ofendió fue el modo en el que los medios de comunicación apodaron a la reina como la «abuela de la nación» y su deceso como el fallecimiento de un familiar. Pasado un tiempo, una persona que perdió a su abuela la misma semana que la reina falleció me contó que varias personas le dijeron «vaya, qué mal, es como si hubieras perdido dos abuelas en una semana». Ella les contestó «no, no lo es».

la reina no era tu abuela

las canas no hacen a una abuela
es un muy antiguo proverbio inglés
que me inventé para evitar que mis amistades
perdieran el puto norte por la muerte de un monarca

su vida no fue fácil, dices
vale, tampoco la de *mi* abuela
o la de las otras personas que murieron ese día
y por las que tampoco lloramos

¿te enviaba la paga semanal, la reina?
¿pegaba cinco monedas de veinte peniques con celo a tarjetas,
te las enviaba cada semana junto a una carta que decía
«te quiero» y «sigue esforzándote en el cole, cariño»?

¿te calentaba tus pantuflas al salir de la ducha
o te traía tarta casera de cerezas-almendras
cuando venía de visita
porque sabía que era tu favorita?

¿te visitó, la reina?
¿alguna vez pudiste entrar en su casa?
¿alguna vez te contó historias
sobre su juventud,

como aquella ocasión en la que tu abuelo,
el día que conoció a sus padres
tiró todo el mantel de la mesa
pensando que era una servilleta;

o cuando su marido, al inspeccionar
el sistema eléctrico de una fábrica en escocia
dijo que era una chapuza tal que seguramente
lo habría hecho un inmigrante?

the queen was not your grandma

grey curls do not a grandmother make
is an ancient english proverb i made up
to stop my friends losing their fucking minds
about the death of a monarch

it wasn't an easy life for her, you say
cool, neither was my actual grandma's
or the other people who died that day
we did not cry for either

did she ever send you pocket money, the queen?
sellotape five twenty- pence coins to cards
send them every week with a letter that said
'i love you' and 'keep working hard at school, my darling'

did she ever warm your towel
after showers or bring cherry almond cake,
freshly baked when she visited
because she knew it was your favourite?

did she ever visit you? the queen?
were you even allowed inside her house?
did she ever tell you stories
about her younger days,

like when your grandad,
the first time he met her parents
pulled off the entire tablecloth
thinking it was a napkin

or that time her husband,
inspecting the electrical equipment
in a factory in scotland, said it looked so crude
it was likely done by an immigrant?

¡ay! perdón, esa historia era
de la reina, no de tu abuela
me cuesta distinguir quién es quién
visto que las dos tienen canas

tan dulce que era ella, esa viejita preciosa
controlando un imperio colonial
al frente de una empresa global;
no como tu abuela, que no lo hizo,

que tuvo un funeral mucho más pequeño que la reina
porque la querían muchas menos personas,
a pesar de que era mucho más cariñosa

oh sorry, that was the actual queen
not your grandma
it's difficult to remember which is which
seeing as they both have grey hair

sweet little woman that she was
running a global empire
head of a billion- pound business
unlike your actual grandma, who didn't

whose funeral was so much smaller than the queen's
because fewer people loved her
despite how much lovelier she was

residencia de personas mayores

la tratan como a una reina aquí
el desayuno a las 9, la comida a la 13, la cena a las 18
el servicio de peluquería una vez a la semana a las 10
—*un joven encantador*—

una taza de té en su habitación a las 16
—*solo agua caliente*— y una galleta

la tía la visita, brazos pecosos
que colocan las almohadas y alegran cada día
dos controles cada noche para asegurarse
que está bien —*¡que no me he muerto!*—

¡pero en solo seis años llega la carta de la reina! —digo—
mi abuela se ríe —*a la mierda con eso ¡que se joda la reina!*—
deja claro que este será su último cumpleaños
reparte monedas y chocolates
escondidos en el primer cajón junto a su cama

las bisnietas y bisnietos juegan y charlan, en ondas
que no están sincronizadas con su audífono
salvo por eso está bien —*solo cansada*— dice
—*y dolorida*—

mi tren sale mañana a las 15:34
queen street, glasgow
a waverley
finalmente, king cross

ojalá pudiera estar más en escocia
ojalá pudiera estar más en escocia
pero las puertas se cierran

mi abuela dice que quiere irse
en menos de seis meses

care home

she is treated like a queen here
breakfast at 9 – lunch at 1 – dinner at 6
the hairdresser comes one morning a week at 10am
 – *lovely young man*

a cup of tea in her room at 4
– *just hot water* – and a biscuit

aunt visits – freckled arms
prop pillows and brighten each day
they check her twice in the night
to make sure she's ok -*that a'm no' deid!*

but just six years until the letter – i say
gran laughs – *bollocks to that – bugger the queen!*
clearly states this is her last christmas;
she hands out coins and chocolates
hidden in the top drawer by her bed bar

the great grandchildren chatter and laugh
out of sync with her hearing aid
apart from than she's fine – *just tired* – she says
 – *and sore*

my train leaves at 3.34 tomorrow
queen street, glasgow
to waverley
finally, king cross

i wish i could be in scotland more
i wish i could be in scotland more
but the doors shut;

gran says she wants to go
in less than six months

yo no quiero que lo haga
pero si ese es su deseo
espero que sea así

i don't want her to
but if she wishes
i hope she does

nieta

a quienes les ha encantado ser nietas o nietos, y ya no lo son

ya no soy la nieta de nadie; solo hija y madre
y sé que ser estas cosas es una bendición
pero lo que más me divertía era ser una nieta:
¿quién va a malcriarme ahora? ¿quién me dará
bebidas azucaradas cuando ya me haya limpiado
los dientes? ¿quién encenderá el hogar cuando
salga de la ducha con la gran toalla verde?
y sí, sí, lo sé y estoy agradecida por todo el tiempo
que compartimos; hay gente que nunca conoce
este amor; tanta gente, pero yo sí, así que,
por favor, dejadme clamar, dejadme llorar

grandchild

for anyone who has loved and lost this label -

i'm no longer anybody's grandchild now
just a daughter and a mother and i know
how much i'm blessed with these but as pure
enjoyment goes, i liked being a grandchild
best of all: who will spoil me rotten now?
who will feed me sugared drinks when i've
just brushed my teeth for bed? who will put
the fire on when i am towelled from the shower?
yes, yes, i know and i am grateful for all
the time we shared; some people never meet
their grandparents at all; so many people don't;
but i did, so let me mourn and let me moan

Una de las cosas que más me gusta de ser adulta es que puedo entrar en las tiendas y probar productos gratis, o llevarme lo que quiera sin que nadie me diga nada.

Mi familia paterna tiene una habilidad excepcional para encontrar productos gratis; de mi tía aprendí a llevar siempre conmigo un táper en el que guardar las sobras; mi abuela sabía dónde estaban todas las tiendas de Glasgow que ofrecían degustaciones de galletas, o té o tartas gratis; y mi padre, parece tener una capacidad innata para encontrar tartas a precio de ganga. Durante las vacaciones de verano en Escocia mi padre desviaba el coche en cualquier feria de escuela —con la que no teníamos vinculación alguna— para hacer acopio de tartas a 10 peniques; tartas, ahora soy consciente, que habían sido horneadas por madres agotadas. He heredado esta tradición familiar y ya tengo desarrollada la habilidad para hacer acopio de cosas gratis. A cada *tour* poético me acompaña en mi bolsa, junto a mis libros de poemas y el pijama, un táper en el que guardo la comida sobrante del *backstage* y los extras del desayuno del hotel. Todas las semanas voy con mi hija al mercado local a comprar verduras y de camino entramos en cada tienda que ofrece degustaciones o productos gratis, a menudo intentamos pasar desapercibidas tras unas gafas o un sombrero nuevo para conseguir una segunda minúscula taza de chocolate caliente.

El siguiente poema lo escribí en el tren de vuelta a casa tras una actuación en York, Inglaterra. La otra poeta que participaba en el recital me preguntó cómo iba el *tour*. Intenté ser graciosa diciéndole «está siendo fantástico, no he tenido que comprar una bolsa de té en meses de todas las que he ido recogiendo en los hoteles». Pensé que esto la impresionaría. No fue así. Ni tan siquiera sonrió. Simplemente me miró como si estuviera tratando con una niña traviesa y me recordó lo nocivas que son para el medioambiente cada una de esas bolsas de té empaquetadas individualmente al igual que los botecitos de champú de los hoteles. Al día siguiente dejé el hotel sin llevarme nada y durante todo el camino a casa no podía parar de pensar en lo enfadada que estaría conmigo mi abuela por no haber hecho acopio de todos los productos de cortesía.

el día que dejé de robar bolsitas de té de los hoteles (o *abuela, perdóname*)

abuela, soy así por tu culpa:
no puedo dejar el botecito de champú en la ducha del hotel
que no necesito llevar que no necesito llevarme
se quedará en el armarito del baño sin usar durante años
pero no puedo dejarlo o el gorro de baño o el gel de ducha
ni la leche hidratante ni siquiera utilizo leche hidratante

es por tu culpa, abuela

no puedo dejar las bolsitas de té en la cesta
para el siguiente huésped, no puedo dejar las galletitas
en sus paquetitos en la cesta para el siguiente huésped;
no puedo dejar el vino en los vasos o las jarras
de las fiestas con todo incluido, es por tu culpa, abuela,

la noche que en tutú me emborraché tanto
que pensé que el aparcamiento era mi apartamento
porque tenía que sacarle todo el partido a la barra libre,
cuya entrada solo costó, dicho sea de paso, cinco libras,
no te preocupes, abuela, no me pasó nada,
me encontró una amiga, me llevó a casa, pero

abuela, acuérdate

solías pedir veinte azucarillos con el té en el tren que venía
[de escocia
te excusabas del robo diciendo que, *de todos modos*
los hubieran tirado por haber estado en mi plato
ni siquiera pedías té, solo una taza con agua caliente
y veinte paquetes de azúcar, sacabas de extranjis
una bolsita de té de tu bolso para que no tuvieras que
pagar por una taza de té; en el tren hoy dejé
una habitación de hotel por primera vez en mi vida
sin haberme llevado ni una sola bolsita de té,

the day i stopped nicking tea bags from hotels
(or grandma, forgive me)

this is your fault grandma that i am like this:
i cannot leave the tiny shampoo bottle in the hotel shower
which i do not need to take i do not need to take it
it will just sit in my bathroom cupboard unused for years
but i cannot leave it or the shower gel or the body lotion
i don't even use body lotion i've never used body lotion

this is your fault grandma

i cannot leave the tea bags in the basket for the next guest
i cannot leave the biscuits in the packets in the basket
for the next guest, i cannot leave the alcohol in the glasses
or the barrels or the bottles at all-you-can-drink parties
that you pay set fees in advance for, this is your fault grandma,

that night i ended up in a car park in a tutu thinking the
car park was my flat because i had to get my money's worth
at all-you-can-drink pay-in-advance parties which was only
five pounds to get into, don't worry grandma, i wasn't hurt,
my friend found me, explained that the car park was not my flat
the car park space not my bedroom but grandma, remember,

grandma, remember,

you used to order twenty packs of sugars with your tea
on the train down from glasgow just so you could steal the packs
                                                    [of sugars
with the excuse that *they would have thrown them away anyway*
after being on my saucer, you never even ordered tea
just a mug of hot water and twenty packs of sugar
slipped a tea bag from your handbag so you did not have to pay
                                                    [full price
for a cup of tea; on the train today i left a hotel room
for the first time in my life without taking a single tea bag

ni una sola

no necesitas la bolsita de té, hollie
no necesitas la bolsita de té, hollie
la guerra ha terminado

pero ahora en el tren, miro por la ventana
y siento tu mirada por encima del hombro
frunciendo el ceño, sacudiendo la cabeza
¿qué le ha pasado a esta familia?
¿qué te ha pasado nieta mía?
susurrando *traidora traidora traidora*

not one

you do not need to take the tea bag hollie
you do not need the tea bag hollie
the war is over

but now i'm on the train back home staring out the window
and i can I feel you on my shoulder looking down on me disgusted
frowning at the loss *what has happened to your family?*
what has happened to your grandchild?
whispering *traitor* whispering *traitor* whispering *traitor*

llena tu cesta

solo por un tiempo
estarán los huesos cubiertos
por músculos, los músculos
cubiertos por la piel

solo por un tiempo
podrán estirarse los brazos
podrá el pecho sentir
un abrazo, y otro

solo por un tiempo
podrán llenarse de canciones
los latidos, los oídos, los dedos

hasta entonces, vamos a llenar
—con toda la vida
que la suerte nos regale—
estas bellas cestas-cuerpo

fill your basket

only so long
bones will be covered
by muscle, muscle
covered by flesh

only so long
limbs will be able to stretch
ears and throat
fill up with song

only so long
skin will be able to hold
a hug; a kiss; a caress

till then, let us cram
these baskets of body
with what life
we are lucky to get

cosas que mis abuelas
me advirtieron que debía ocultar

por tu propio bien, cariño

tus piernas, mi amor, me dijeron
y tus pechos, mi amor, me dijeron
y las tiras del sujetador
y el sonido de tus pisadas
y la curva de tu espalda, me dijeron

y tu lengua, mi amor, me dijeron
y tu regla, mi amor, me dijeron
y tu útero y tus sueños
y tus sombras y tu sudor
y tu cerebro, mi amor, me dijeron

y tus brazos, mi amor, me dijeron
y tus gritos, mi amor, me dijeron
y tu dolor y tus deseos
y tus ideas y tus anhelos
y tu lujuria y tu hambre
y tu rabia y tu sed

y tu muerte, mi amor, y tu vida,
mi amor, y tu ser

things my grandmothers
warned me to conceal

for your own sake, my darling

your legs, my love, they said
and your breasts, my love, they said
and your bra straps and your backbone
and your tiptoes, they said

and your tongue, my love, they said
and your womb, my love, they said
and your footprints and your blood spills
and your brain, my love, they said

and your arms, my love, they said
and your scars, my love, they said
and your screams and your day dreams
and your learning and your longing
and your lust and your hunger
and your anger and your thirst

and your death, my love, and your life
my love, and your birth

Dos poemas de amor para terminar. El primero es para mi abuelo. Luchó en la Segunda Guerra Mundial y siempre que le pregunté sobre ello —casi nunca hablaba de ello— todo lo que me decía era que la guerra era un engaño, y que los otros chicos jóvenes del bando "contrario", eran simplemente *chicos jóvenes como él*. Una vez que mi abuelo vino a visitarnos, cuando yo tenía nueve años, mi madre hizo una tarta de cerezas. En cuanto la cortó, mi abuelo echó a correr al baño a vomitar. Sin tan siquiera haberle dado un mordisco.

El último poema es sentimentalismo puro y duro. Lo escribí después de haber visitado, junto a mi novio, el Sea Life Sanctuary en Escocia, un santuario para la vida marina. Allí aprendí que las nutrias marinas entrelazan sus manos al dormir en el agua para no separarse flotando mientras duermen. Pensé que era algo maravilloso.

tarta de cerezas

cuando mi madre cortó la tarta de cerezas
mi abuelo echó a correr y vomitó
lo siento mucho, papá, dijo mi madre, *se me olvidó*

tenía nueve años entonces
no entendía qué estaba pasando
pero cuando mi abuelo regresó, empezó:

esperando en la orilla de una playa ocupada
mientras los botes de remos venían a buscarlos
y lo único que tenían los soldados para comer
eran cajas de latas de cerezas en almíbar

dos semanas esperando
sus amigos disparados
cerezas rojas como la sangre
hedor a fruta dulce y podrida
me dijo, *la guerra es una farsa,*
al final, tomamos galletas

me dijo, *no te creas todo lo que lees,*
cariño, sé amable no rencorosa,
y no comas cerezas de lata, hollie
esa cosa te pudre los sueños

cherry pie

when my mum sliced the cherry pie on the table
my granddad ran off and threw up
i'm so sorry dad, mum said *i'm so sorry, i forgot*

i was nine years old then,
no idea what had happened,
but when my papa came back, he explained -

two weeks of waiting on the shore of a war beach
as rowing boats came to collect them
and the only thing there for the soldiers to eat
were pre-packaged, sweet syrup cherry tins

his mates were shot dead
the cherries were blood red
stench of rotting and sweet fruit
he was gagging with each breath
he said, *war is a sham*
we had ice cream instead

he said, *be kind not revengeful, hollie*
don't believe all you read
and don't eat cherries in syrup
'cos that stuff rots your dreams

como las nutrias

quizás no temo que al flotar
nos separemos, en estas aguas
como la luna atrae a las mareas

pero acurrucada en la cama
sigo descansando mucho mejor
junto a ti, como las nutrias

tu mano cálida entre la mía

like otters

maybe there's no fear
we'll float far apart
from each other, in these waters
as moon beckons tide

but cosy in bed,
still i rest so much better
like otters, together,
your hand warm in mine

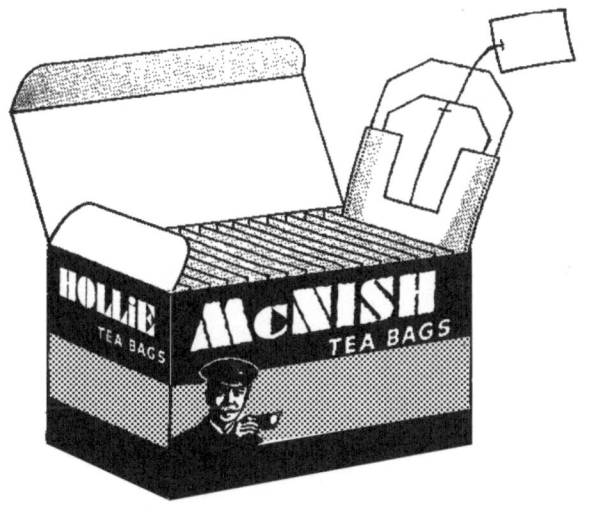